Die Deutsche Bibliothek - CIP-Einheitsaufnahme:

Dinosaurier : das große Buch zum Film / Walt Disney [Übers.: Luzia Czernich]. - München :
Egmont Schneider, 2000
    Einheitssacht.: Dinosaur <dt.>
    ISBN 3-505-11466-9

Dinosaurier
Copyright©2000 Disney Enterprises, Inc.
Alle Rechte vorbehalten
Titel der Originalausgabe: Dinosaur
Erschienen 2000 im Egmont Franz Schneider Verlag, München
Übersetzung: Luzia Czernich
Einbandgestaltung: Egmont Creative
Printed in Belgium 2000
ISBN 3-505-11466-9

EBS Ref.no. 1030-149

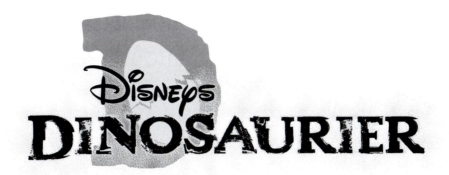

EGMONT FRANZ SCHNEIDER VERLAG

Wie alles begann

Vor langer Zeit lebte an einem Ort, der vielleicht ganz in der Nähe von deinem Zuhause war, eine prachtvolle Herde von Dinosauriern. Einträchtig hausten sie zwischen den üppig grünen Pflanzen und an den klaren blauen Seen ihres Landes. Aber sie wussten, dass ganz in der Nähe, tief im dunklen Wald, stets die Gefahr lauerte …

Eines Tages griff ein heimtückischer, feindlicher Saurier die Kolonie an. Eine Mutter stellte sich ihm mutig in den Weg, um ihr Ei zu verteidigen. Zum Glück stürmte der Angreifer an ihr vorbei. Aber als sich der Staub gelegt hatte, fehlte das kleine Ei. Eine seltsame Echse hatte es gestohlen.

Die Echse wusste nicht, dass dies ein ganz besonderes Ei war:
Es war ein Ei, das überleben sollte. Versehentlich ließ die Echse das
Ei fallen. Es rollte ins Wasser und trieb einen wilden, reißenden
Fluss hinab. Dann packte ein Flugsaurier das Ei und flog mit ihm
über ein großes Meer.
Schließlich ließ er es über einer kleinen Insel fallen, wo es in den
Ästen eines riesigen Baumes hängen blieb.

Ein kleines, flauschiges Lemurenmädchen mit Namen Plio näherte sich vorsichtig dem Ei.
„Papa, komm mal herüber!", rief sie. Die Schale des Eies brach auf, und ein merkwürdiges Wesen schlüpfte heraus.

Yar, Plios Vater, kam herbei.
„Nun, was ist das denn?", fragte Yar Plio vorsichtig.
„Es *war* ein Ei", antwortete Plio und wiegte das frisch geschlüpfte Junge sanft im Arm.

„Es ist ein kaltblütiges Monster von der anderen Seite des Meeres!", rief Yar.
„Für mich sieht es wie ein Baby aus", entgegnete Plio sanft.
Doch Yar war besorgt. Er fürchtete, das Baby könnte zu einem Fleisch fressenden Monster heranwachsen.

Aber Plio brachte es nicht übers Herz, dem unschuldigen Dinosaurierbaby etwas anzutun. Und Yar konnte es ebenfalls nicht. „Das geht schon in Ordnung", erklärte Plio Yar und Zini, einem neugierigen, jungen Lemuren. „Wir werden ihm beibringen, Fleisch zu verabscheuen."

Aladar und die Lemuren

Und so wuchs der junge Dinosaurier bei den friedlichen Lemuren auf der Lemureninsel auf. Sie nannten ihn Aladar und beobachteten verblüfft, wie das winzige Baby zu einem riesengroßen Iguanodon heranwuchs.
Noch immer verhielt sich Aladar den Lemuren gegenüber freundlich und sanft. Plios Tochter Suri behandelte er sogar wie eine kleine Schwester.

Eines Tages rief Plio: „Hört mal zu! Denkt ihr eigentlich an das Werben? Ihr werdet noch die ganze Schmuserei verpassen!" Plio sprach ein Ritual an, das jedes Jahr auf der Lemureninsel vollzogen wurde. Plio nahm die Zeremonie sehr ernst, denn während dieser Zeit wählten die Lemuren ihre Lebenspartner.

Plio gab den jungen Lemurenmädchen einen Rat. „Also, Kinder, klettert nicht gleich dem ersten hübschen Bengel hinterher!"
Bald begann die Zeremonie. Die jungen Lemuren schwangen sich anmutig durch die Äste des Hochzeitsbaumes und führten ein reizendes Ballett vor, während sie nach ihren Partnerinnen Ausschau hielten ...

Alle, bis auf Zini. Er verstrickte sich heillos in den Ranken des Baumes. Als die Zeremonie vorüber war, stand er als Einziger ohne Partnerin da.
„Mach dir nichts daraus, Zini", tröstete Aladar seinen besten Freund. „Es gibt immer ein nächstes Jahr."

Aber Plio machte sich größere Sorgen um Aladar als um Zini. „Ach, Aladar", sagte sie. „Wenn es auf der Insel nur jemanden für dich gäbe." Sie wusste, dass ihr Dinosaurierfreund auf der Lemureninsel wohl niemals eine Partnerin seiner Art finden würde.

Feuer und Wasser

Plötzlich schnüffelte Yar in die Luft. „Etwas stimmt hier nicht", sagte er.
Auch Plio spürte die Gefahr. „Aladar, wo ist Suri?", rief sie.
Jenseits des Meeres stürzte ein riesiger Komet auf die Erde zu. Er löste eine gewaltige Welle aus Feuer und Wasser aus, die sich auf die Lemureninsel zu bewegte.

Aladar eilte los, um Plio und Suri hochzunehmen. Yar und Zini schafften es, auf seinen Rücken zu springen.
Aladar stürmte über die Lemureninsel. Der Feuerball kam immer näher! Schließlich erreichte Aladar eine Klippe und das Ende der Insel. Er hatte keine andere Wahl: Aladar sprang in das Wasser tief unter ihm.

Aladar gelang es, zusammen mit seinen vier Freunden dem Feuerball zu entkommen. Er schwamm über das Meer zum Festland. Als sie die Küste erreicht hatten, drehten sich alle um und schauten zurück zu der einzigen Heimat, die sie bisher gekannt hatten. Traurig mussten sie feststellen, dass die Lemureninsel zerstört war.

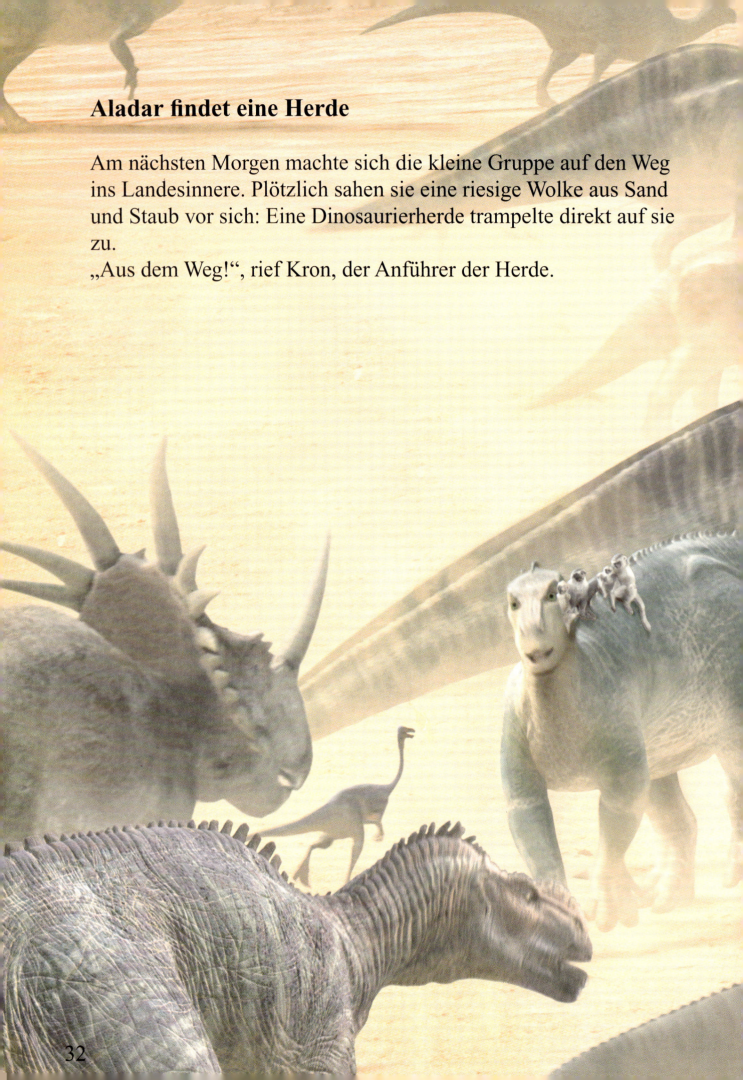

Aladar findet eine Herde

Am nächsten Morgen machte sich die kleine Gruppe auf den Weg ins Landesinnere. Plötzlich sahen sie eine riesige Wolke aus Sand und Staub vor sich: Eine Dinosaurierherde trampelte direkt auf sie zu.
„Aus dem Weg!", rief Kron, der Anführer der Herde.

Als die anderen Dinosaurier vorbeigezogen waren, drängten sich Aladar und die Lemuren eng aneinander. „Seht nur! Lauter Aladars!", rief Suri aus. Aladar war ebenso überrascht wie Suri. *Sie sehen genauso aus wie ich*, dachte er. Die kleine Gruppe hatte nie zuvor einen anderen Dinosaurier gesehen als Aladar.

Zwei ältere, freundliche Dinosaurier bildeten den Schluss der Herde. Sie hießen Baylene und Eema. Zuerst hatten sie vor Aladar und seinen seltsamen Freunden Angst. Doch dann ließ Url, Eemas kleiner Freund, einen Stein auf Aladars Fuß fallen.
„Was sagst du dazu? Sieh mal, Url!", sagte Eema.
„Normalerweise freundet er sich mit Fremden nicht so schnell an."

Aladar und die Lemuren schlossen sich Baylene und Eema am Ende der Herde an. Und so wurden sie Freunde.
Aladar erfuhr, dass sich die Herde auf ihrem jährlichem Zug zu den Brutplätzen befand. Dieses Jahr war härter als die meisten vorangegangenen. Der Feuerball hatte das Land vertrocknen lassen, und daher gab es kaum Nahrung und Wasser.

Aladar machte sich Sorgen um Baylene und Eema. Die beiden waren schon älter und konnten mit der Herde nicht mehr Schritt halten. Deshalb wandte er sich an Kron.
„Könntet ihr vielleicht etwas langsamer gehen?", schlug er vor.
„Sieh dich vor, Junge", warnte ihn Kron. Er hatte kein Mitleid mit den Schwächeren. Er war der Ansicht, nur die Stärksten sollten überleben.

Gemeinsamkeit macht stark

Am nächsten Morgen brach die Herde sehr früh auf. Sie wollte versuchen, den See zu erreichen, wo sie Wasser zu finden hoffte. Als Aladar Krons Schwester Neera sah, blieb er mit offenem Mund stehen.
Zini lachte. Ihm war nicht entgangen, dass Aladar sich auf den ersten Blick in Neera verliebt hatte.

Später sprach Kron mit Bruton, seinem Hauptmann.
Die Herde musste die Brutplätze bald erreichen. Sie brauchten Wasser, um zu überleben. Und sie mussten auch einen Vorsprung vor ihren Feinden, den Carnotauren, haben, die sie verfolgten und immer zum Angriff bereit waren. Am Ende der Herde versuchte Aladar Eema dabei zu helfen, den Anschluss an die Herde zu halten. Sie alle fürchteten das Schlimmste, sollten sie zu weit zurückfallen.

Endlich hörten Aladar und seine Freunde aufgeregte Schreie von den Dinosauriern an der Spitze der Herde.
„Der See!", keuchte Eema. „Wir müssen nur noch über den Hügel, Junge!"
Aber als die Herde den Bergrücken erklommen hatte, war die Enttäuschung gewaltig.
Der Feuerball hatte den See zerstört.

Während der Rest der Herde weiterzog, half Aladar Baylene und Eema.
Plötzlich hörte er ein eigenartiges, schmatzendes Geräusch unter Baylenes Fuß. Sofort erkannte Aladar, dass Baylenes Fuß tief in den Sand eingesunken war.
Er und die Freunde begannen um den Fuß herum zu graben.

„Wasser!", rief Aladar plötzlich laut. Sie hatten Wasser gefunden! Als die Herde bemerkte, was geschehen war, drehte sie um und rannte auf das Wasserloch zu. Aladar versuchte sein Bestes, um Baylene, Eema und die Lemuren zu schützen.

Später bemerkte Aladar, wie Suri zwei verängstigte kleine Dinosaurier zu überreden versuchte, eine Höhle zu verlassen. „Kommt heraus! Niemand wird euch etwas tun", bettelte sie. Freundlich führte Aladar die beiden Waisen zum Wasser und ließ sie trinken.

In diesem Augenblick näherte sich Neera.
„Warum habt ihr den Alten geholfen?", fragte sie nach einer Weile.
„Was sollten wir sonst tun? ... Sie zurücklassen?", erwiderte Aladar. „Wenn wir alle zusammenhalten, haben wir eine Chance, die Brutplätze zu erreichen."
Neera war sehr beeindruckt von Aladar. Er war der erste fürsorgliche Dinosaurier, den sie je getroffen hatte.

Von einem nahe gelegenen Hügel aus beobachtete Kron Aladar und Neera. Er mochte Aladar nicht. Er bedrohte nicht nur Krons Führungsposition in der Herde, er stahl auch Neeras Herz. Plötzlich bemerkte er einen fremden Geruch. Etwas war nicht in Ordnung.

Auf der Flucht

Da taumelte Bruton zu Kron herüber. Er war schwer verletzt.
„Carnotauren!", rief Bruton.
„Was?!", schrie Kron wütend. „Sie sind noch nie so weit nach Norden gekommen."
„Der Feuerball hat sie wahrscheinlich herausgetrieben", entgegnete Bruton.

Kron befahl Bruton, die Herde zusammenzutreiben und mit ihr in doppelter Geschwindigkeit weiterzuziehen.
Aladar und Neera eilten zu Kron. „Aber die anderen am Ende der Herde ... die schaffen das nicht!", rief Aladar.
Doch Kron war nicht in der Stimmung, auf ihn zu hören. Er wollte sich auf Aladar stürzen.
„Aladar, lauf weg!", rief Neera. Sie wollte nicht, dass er verletzt wurde.

Aladar wusste, dass er Baylene und Eema helfen musste. Traurig blickte er hinterher, als Neera mit dem Rest der Herde weiterzog. Später, als ein Sturm den Himmel verdunkelte, stellte die kleine Gruppe fest, dass sie ganz allein war. Sie hatte die Herde verloren. Plötzlich hörten sie ganz in der Nähe ein gequältes Stöhnen.

Da sie befürchteten, es könnte von einem Carnotaurus stammen, kamen sie nur ganz vorsichtig näher.
„Das ist Bruton!", rief Eema.
Aladar bot dem schwer verwundeten Dinosaurier seine Hilfe an, aber Bruton knurrte: „Spar dir dein Mitleid! Ich brauche nur etwas Ruhe. Lasst mich jetzt allein."
Inzwischen rückten die hinterhältigen Carnotauren immer näher an die Nachzügler heran.

Ein sicheres Versteck

Als Aladar erkannte, wie nahe die Carnotauren bereits waren, wusste er, dass er für seine Freunde ein gutes Versteck finden musste – und zwar schnell.
Plötzlich erhellte ein Blitz den Himmel, und Aladar erblickte Url, der vor einer Höhle stand. Schnell führte Aladar die anderen in das Versteck.

Aladar wusste, dass Bruton Hilfe brauchte. Er lud ihn ein, ebenfalls in die Höhle zu kommen.
„Komm herein ins Trockene!", rief er.
Schließlich taumelte Bruton in die Höhle. Plio versorgte die Wunden des riesigen Dinosauriers mit einer besonderen Pflanze. Bruton war verblüfft über die Freundlichkeit, mit der die anderen ihn behandelten. Aber bevor er sich bedanken konnte, drangen die Carnotauren in die Höhle ein und griffen an.

„Ich halte sie auf!", brüllte Bruton Aladar zu.
„Rettet euch!"
Aladar führte die anderen tief in die
Höhle hinein, wo sie in Sicherheit waren.
Bruton kämpfte tapfer, und es gelang ihm, die Carnotauren
hinaus in die stürmische Nacht zu jagen. Doch seine Wunden waren
durch den Kampf schlimmer geworden. Dann stürzte der Ausgang ein. Aladar versuchte verzweifelt, Bruton von einem
Steinhaufen herunterzuziehen. Doch es war zu spät: Bruton war tot.

Inzwischen trieb Kron die Herde immer weiter. Neera ging langsam mit den beiden verwaisten Dinosaurierkindern. Schließlich konnte das eine nicht mehr weiter. Sein Freund weigerte sich, von seiner Seite zu weichen. Neera kam ihnen zu Hilfe.

„Es ist schon gut, meine Kleinen", sagte sie sanft. „Wir schaffen das." Und sie schubste die beiden weiter.

Ein Hoffnungsschimmer

„Riecht ihr das auch?", fragte Zini die Freunde. Sie waren immer tiefer in die Höhle vorgedrungen, in der Hoffnung, einen zweiten Ausgang zu finden.
Da bemerkten es auch die anderen. Zini roch frische Luft! Wie verrückt begannen alle zu graben, um sich durch die Steine einen Ausgang zu bahnen.

Aber als ein kleiner Bergrutsch ihre Bemühungen zunichte machte und das Tageslicht verschwand, schien Aladar aufzugeben. „Wir sollen nicht überleben", seufzte er.
„Schäm dich!", rief Baylene. „Du hast einen alten Narren wie mich glauben gemacht, dass er noch gebraucht wird, dass er noch eine Aufgabe hat. Und weißt du was? Du hattest Recht! Ich werde immer daran glauben. Ich für meine Person habe nicht vor, hier drinnen zu sterben!"

Das war alles, was Aladar an Ermutigung brauchte. Mit neuer Kraft begann er die Steine wegzuräumen.
„Seht doch bloß!", rief Baylene, als sie und die anderen schließlich aus der Höhle traten. Der Brutplatz lag direkt vor ihnen: saftig grün mit einem wunderschönen See in der Mitte.

Während die anderen fraßen und ihren Durst löschten, betrachtete Aladar einen Felshaufen, der durch einen Erdrutsch entstanden war. „Auf diesem Weg sind wir früher hierher gekommen", erklärte ihm Eema bedrückt.
Aladar war entschlossen, Neera und die anderen zu retten. So entschied er sich zurückzukehren und ihnen den einfacheren Weg zum Brutplatz zu zeigen.

Als Aladar die Herde erreichte, versuchte Kron gerade, die Dinosaurier den Hügel hinauf- und darüber hinwegzutreiben. Das war viel zu gefährlich.
„Ich kenne einen Weg ins Tal, den jeder bewältigen kann!", rief Aladar. „Folgt mir!"

Der Sieg über die Carnotauren

Während Neera und die anderen bereit waren, Aladar zu folgen, war Kron wütend. Er glaubte, Aladar wolle ihm die Anführerschaft über die Herde entreißen.
Plötzlich griff er Aladar an und warf ihn zu Boden.

Als er atemlos und verletzt dalag, spürte Aladar, dass ihm jemand auf die Beine helfen wollte. Es war Neera. Jetzt wusste Aladar, dass sie an ihn glaubte. Gemeinsam begannen sie die Herde zur Höhle zu führen.
Plötzlich tauchte ein Carnotaurus auf. Während die anderen Dinosaurier fliehen wollten, stellte Aladar sich dem Feind in den Weg.

„Nein! Lauft nicht weg!", rief er der Herde nach. „Wenn wir uns zerstreuen, kann er Einzelne angreifen! Bleibt zusammen!"
Aladar begann laut zu brüllen, und bald kam der Rest der Herde zu ihm zurück.

Der Carnotaurus war überwältigt von dem enormen Gebrüll der Herde. Doch gerade, als er sich zum Rückzug bereit machte, erblickte er Kron, der versuchte, ganz allein über den Hügel zu steigen. Der Carnotaurus fand, ein einzelner Dinosaurier sei eine leichtere Beute, und so verfolgte er Kron, bis dieser in den Tod stürzte.

Aladar sprang den Carnotaurus an. Er wollte Neera beschützen. Mit Mut und mit Neeras Hilfe gelang es ihm schließlich, den Feind zu besiegen.
Traurig, aber erleichtert, schmiegten sich Aladar und Neera aneinander, während die Herde mit lautem Brüllen ihre Dankbarkeit zeigte.
Nun konnten sie alle ihren Weg fortsetzen.

Der Kreis schließt sich

Einige Wochen später standen Aladar und Neera mit Baylene, Eema und den Lemuren gemeinsam am Brutplatz. Gespannt beobachteten sie, wie sich eines der kleinen Eier langsam öffnete. Eema musste ein bisschen nachhelfen, doch dann schlüpfte ein wunderschöner, winziger Dinosaurier heraus.

Ein wenig benommen schaute sich der Kleine in seiner neuen Umgebung um.
„Was für ein schöner, glücklicher Tag!", murmelte Eema.
Sie liebte es, Babys auf die Welt zu bringen.
Als die Sonne unterging und sich das Abendrot sanft über das Tal legte, durchströmte die Freunde ein tiefes Glücksgefühl. Endlich hatten sie ein neues Zuhause gefunden.